UN SALON

ARISTOCRATIQUE

AVEC NOS DEUX NOBLESSES

SUIVI

D'une lettre à M. le comte de MONTALEMBERT

PAR M.

VIOLET D'ÉPAGNY

HOMME DE LETTRES

AU CONSEIL D'ÉTAT. CHEVALIER DE LA LÉGION D'HONNEUR

ETC.

Ne soyons pas plus chrétiens que le Pape,
Plus royalistes que le Roi,
Et ne baissons jamais, pour le prince ou la foi,
Plus bas que le devoir ou l'épée ou la cape.

PARIS

CHEZ TOUS LES LIBRAIRES

ET CHEZ L'AUTEUR, RUE VAVIN, 21

1861

Paris. — Imp. ÉMILE VOITELAIN et Cⁱᵉ, rue J.-J.-Rousseau, 15.

UN SALON ARISTOCRATIQUE

I

On entre chez moi sans être annoncé, tant on y met d'empressement, et j'entends une voix que je ne reconnais pas sur-le-champ; elle me dit avec un peu d'émotion :

— Bonjour, très cher... j'accours pour vous voir... Savez-vous ce qu'on répète partout ? Nous courons à la Révolution !

Comme j'étais assis devant mon bureau et que je ne voyais pas derrière moi, je réponds vivement avant de m'être retourné :

— Qui dit cette sottise ? ce mensonge ?... cette niaiserie ?

Ici, comme j'avais mon visiteur en face, je pus reconnaître un de mes plus aimables confrères en littérature, un homme fort distingué et de la meilleure compagnie.

Il se jeta dans une bergère en riant de ma brusquerie.

— Ne vous fâchez pas, continua-t-il, je ne la crains pas, et je ne la crois nullement possible... je vous répète seulement un propos qui court, et que la malveillance cherche assez bêtement à reproduire à Paris et dans la province. Voilà tout.

— Si c'est tout, répondis-je à cet ami, qui me semblait plus ému qu'il ne voulait le paraître, pardonnez-moi mon accueil désagréable, mais je suis si indigné lorsque j'entends semer des bruits d'alarmes, annoncer des malheurs futurs sans cause réelle, prédire un avenir fatal, que je ne puis m'empêcher de répondre sans beaucoup d'égards à ceux qui acceptent si légèrement des calomnies insensées ou ridicules !

— Ma foi, vous avez bien raison, reprit mon visiteur. Mais rien n'est ridicule, rien n'est insensé, quand c'est la mode. Je ne vous dis pas que nous ayons à craindre des troubles; je vous dis qu'il y a des gens qui cherchent des prétextes pour en établir en ce moment, et bien que je ne sois pas effrayé de leurs tentatives, je voudrais pouvoir leur donner la preuve de la nullité de leurs efforts. Cela ferait beaucoup de bien.

— Cher vicomte, dis-je alors, vous parlez en honnête homme et en homme d'honneur; mais vous oubliez une vérité acquise à ma vieille expérience : c'est que les partis *sont incorrigibles;* qu'on les suit comme on suit les modes, lesquelles font pitié quand elles sont passées !... mais qui font fureur jusqu'à ce qu'on en reconnaisse l'absurdité ou la folie, quelquefois l'indécence ou l'impudeur.

Du reste, pourquoi vous en étonneriez-vous aujourd'hui? N'avons-nous pas fait frémir les vieux ennemis de la civilisation ? N'avons-nous pas les étrangers jaloux de notre force, de notre gloire française, de notre accroissement de territoire, qui s'ingénient de cent façons à nous nuire? N'est-il pas tout simple qu'ils profitent de ce moment pour déverser le blâme sur tous les actes de notre politique, et qu'ils ne tentent d'éloigner le respect qu'on doit au pouvoir suprême, en entravant sa marche, en lui suscitant des obstacles? — Comme j'avais repris mon sang-froid, j'ajoutai en riant :

C'est une indisposition *du corps social; c'est un malaise* qui cèdera facilement à un régime doux et prévoyant, soyez-en sûr, et sans qu'il soit besoin d'arriver jusqu'aux *purgations* qui, je le vois bien, paraîtraient nécessaires pour évacuer ces méchantes humeurs qui tourmentent un assez grand nombre de gens, et *des gens* qui devraient se trouver fort heureux de la santé dont ils jouissent et qui ne la possèderaient pas sous un souverain moins maître de lui que Napoléon III.

LE VICOMTE.

— Je vous entends ! Je voudrais bien que vous revinssiez dans nos soirées de famille, comme avant la guerre d'Italie ; vous seriez bien surpris de voir à quel point d'effervescence monte l'exaltation, lorsque les excitations sont appuyées sur des motifs d'honneur ou de piété, souvent mal entendus !

— Je crois que je m'en fais une idée !

LE VICOMTE.

— Non, vous ne pouvez pas vous en faire une idée vraie ! C'est au point que ma charmante cousine, un des beaux noms de France, vous savez... je vous l'ai fait remarquer au dernier bal, il y a deux mois,.. eh bien ! cette adorable jeune fille, qui a déjà cent vingt mille livres de rente de sa mère... m'a dit très sérieusement : Je vous déclare, mon cousin, que je ne vons donnerai point ma main, si vous continuez à soutenir le *parti impérial !...* Je vous demande un peu si les intérêts de l'Empire peuvent s'appeler le *parti impérial !* comme si on pouvait être d'un autre parti !...

— De sorte que vous avez eu des scrupules, à cause de vos craintes de perdre les cent vingt mille francs de rente de votre cousine ! Mais c'est bien de la délicatesse par le temps qui court. Il y en a plus d'un, qui quitterait le parti impérial à meilleur marché et sans examiner *ce que cela pourra leur coûter plus tard!*

LE VICOMTE.

— Ne plaisantez pas là-dessus ; j'espère que vous ne me croyez pas capable, pour mon compte....

— Je vous tends la main pour toute réponse,

cher vicomte... et je vous promets d'aller rendre mes devoirs à Mme la marquise, votre grand'tante, et à vous peut-être en même temps, un petit service particulier... Ce ne sera pas de venir à bout de changer de vieilles convictions enracinées par l'orgueil ou par d'autres manies, sur lesquelles je me garde bien de m'expliquer, mais je m'arrangerai de telle façon que votre mariage de haute et belle convenance ne sera pas désespéré...

LE VICOMTE.

— Et quelle est votre intention?

— Mon intention est bonne et utile. Vous rirez peut-être du résultat.

Le soir le jeune vicomte me réintroduisit dans sa belle famille.

La soirée était nombreuse. Je crus voir que l'on semblait désirer me gagner à la mode nouvelle : j'y mis beaucoup de bonne volonté, me promettant de ne pas dire un mot que je ne pensasse sincèrement.

— Nous sommes bien affligés, dit une dame : qu'arrivera-t-il, hélas?

— Il arrivera l'accomplissement de la volonté de Dieu, répondis-je du même ton.

— Oui, sans doute, reprit la marquise; mais si cette volonté nous rend encore plus à plaindre? si elle augmente nos regrets, nos peines, nos tribulations, celles de l'Église, celles du Saint-Père?

— Alors, dis-je, ce serait bien plus pénible!... mais ce serait la volonté de Dieu encore plus marquée! et dans ce cas, il n'y aurait que la résignation... ou la rébellion!... car il faut qu'une porte soit...

Le comte qui venait de me recevoir avec beaucoup de politesse et n'avait pas encore quitté ma main, fut étourdi de cette parole prononcée nettement et suivie d'un silence complet autour de nous.

Il le rompit cependant et me parut étonné de ma hardiesse.

— Vous allez bien vite, reprit-il.

— Mais je crois que je vais moins vite que tout votre beau monde, répondis-je ; je fais comme nos pères, lorsqu'ils avaient prié Dieu d'accomplir un désir qui leur semblait saint ou sacré ; ils disaient en voyant que le ciel ne l'approuvait pas : « Dieu le veut autrement. » Et ils se résignaient !

Le comte, cherchant à m'excuser devant sa société, dit assez haut, mais très froidement :

— Dans le fait, Monsieur émet une opinion qui... qui pourrait se soutenir !... à la rigueur !... la résignation est une vertu... La question est de savoir à quel point finit la résignation ?...

— La résignation commence, dis-je, dès qu'on croit en Dieu ; c'est-à-dire tout de suite !... elle admet ses volontés prouvées par les événements, s'en étonne souvent, quelquefois s'en félicite, et d'ordinaire est toute surprise de voir un bonheur dans ce qu'elle a considéré comme une affreuse calamité.

Qui vous dit que la fortune bientôt plus heureuse du Saint-Père, dégagée de bien des entraves *inconnues*, ne prendra pas des mains de Dieu seul, après tant d'épreuves douloureuses, une puissance plus grande et meilleure que celle qu'elle avait auparavant ?... Qui vous dit qu'il n'aura pas de plus grandes concessions, de plus belles indemnités qu'il n'en possédait ?

Qui peut prévoir ce que nous donnera le hasard ? Le hasard, cette expression niaise et presque sacrilége ! puisque le hasard n'est autre chose qu'une suite régulière des combinaisons de la Providence, qui daigne choisir ses instruments parmi les hommes !

Préméditation divine, qui osera vous nier ?

Qui osera dire que l'empire des choses humaines, quand il change, tombe ou se relève, n'obéit pas toujours à la volonté providentielle? Qui osera faire le contraire de nos pères qui lorsqu'ils étaient, enfin éclairés par la suite des événements, contre lesquels ils s'étaient parfois révoltés, finissaient par s'écrier : *Dieu le veut ainsi!... donc ainsi soit-il!*

Les populations suivaient alors leurs maîtres, qui étaient de grands chefs. ou des hommes inspirés, portant sur leur tête la couronne royale ou l'auréole des saints.

Ainsi marcha Charles Martel pour écraser sous sa masse de fer les Sarrasins qui envahissaient la France... Ainsi marcha saint Bernard prêchant la croisade.

Qui nous dit que si ces grands cœurs pleins d'humilité, n'eussent pas vu la bannière de l'oriflamme suivie de plusieurs centaines de milliers de Croisés, confesseurs de la foi catholique, ils ne se fussent pas arrêtés, avec une terreur plus forte que l'élan qui les entraînait, en s'écriant : « Mon dieu, pardon ! nous ne voyons pas s'accomplir notre espérance; votre croix ne nous précède plus, nous n'avancerons pas plus loin sans elle! »

Telle était l'admirable modestie des hommes saints et pieux qui, après avoir rempli leurs devoirs d'exhortation, laissaient à faire à Dieu ce qui appartient à Dieu seul.

Il m'est doux de reconnaître et de penser que des centaines de plumes pieuses et pures ont essayé cette sainte polémique, sans en prévoir les *dangers* qui pouvaient devenir graves., et *qui sont funestes déjà!*... Ils ont cru payer leur tribut de piété à l'Église souffrante. Mieux éclairés bientôt probablement, ces dévoués catholiques reconnaîtront dans la fièvre qui dévore l'Italie, une vieille maladie qui, comme ses volcans, vient faire son éruption à son heure et ne dépend pas de la question religieuse.

Les questions religieuses aujourd'hui, comme en tout temps, ne doivent être touchées que d'une main tremblante; car elles peuvent produire des explosions fatales.

Qu'auraient-ils dit, ces jeunes coupables involontaires, si, par malheur, leurs attaques eussent été repoussées avec l'astuce de la méchanceté philosophique malveillante de l'époque révolutionnaire, *si facile à réveiller!* Ils eussent fait réimprimer Voltaire et les infamies anti-catholiques qui ont fait tant de mal.

Le vertueux cardinal du Belloi disait à ces jeunes prêtres qui le suivaient, heureux et fiers des respects qui accompagnaient leurs pas : « O mes enfants, soyez modestes et non trop confiants.

« Il y a dix ans à peine que nous n'osions point porter notre saint costume distinctif. N'oubliez pas que notre belle religion n'est jamais plus aimée, plus puissante que lorsqu'elle est persécutée. Par malheur elle oublie trop vite les maux qu'elle a soufferts, et se croit trop sûre de son pouvoir sur les esprits depuis trop longtemps pervertis!... Soyez donc humbles, comme si l'autorité ne vous soutenait pas contre les ennemis de notre sainte foi ; et comme si la générosité compatissante d'un peuple qui a vu combien nous avons été malheureux ne nous protégeait pas, sans quoi nous serions très faibles encore... »

Et il ajoutait cette phrase, qui a toujours été dans la bouche des saints : « Ce n'est pas nous qui portons la croix! c'est la croix qui nous porte! Souvenez-vous que *nous ne sommes encore que tolérés, et soyez très tolérants!* Craignez toute discussion, tout ébranlement dans l'intérêt *de la paix!* La paix si précieuse à conserver dans la religion!... La paix! la paix! mes bons amis! »

Ainsi parlait ce saint et illustre vieillard.

— Mon grand père l'a bien connu, dit le comte, ce sage et pieux cardinal, et j'ai admiré ses sages conseils. Qu'en voudriez-vous conclure aujourd'hui?

— Oh! dis-je, à Dieu ne plaise que je m'avise d'en tirer une conclusion. Je pense seulement que ces conseils seraient encore bien précieux aujourd'hui!

LE COMTE.

— Qui en doute? Personne! Le zèle emporte toujours un peu loin nos bons abbés; ils se donnent bien de la peine pour diriger l'esprit du peuple. Ils pensent qu'ils en sont les maîtres...

Je fis un mouvement que le comte interpréta comme une incertitude... Je m'aperçus bien qu'il la partageait...

— En douteriez-vous? me dit-il.

— Monsieur le comte, assurez-vous-en vous-même... Allez dans les quartiers peuplés de la grande ville.

— J'y suis allé, me dit-il, avec ce jeune abbé qui causait avec nous tout à l'heure et qui m'accompagnait.

— Monsieur l'abbé vous accompagnait-il avec sa soutane? dis-je...

— Oui, pourquoi cette question ?

— Ah! c'est qu'il y a deux échos sur le retentissement desquels on se trompe, et qui répondent différemment suivant qu'ils sont interrogés avec un vêtement, par exemple, qui porte une influence avec lui.

— Je crois comprendre, dit le comte qui se souvenait de ses campagnes sous le premier Empire; nous nommions cela, en style de troupiers, *l'influence de la moustache sur le raisonnement.*

Le comte qui avait souri imperceptiblement, reprit sa tristesse.

Tout à coup, il passa son bras sous le mien et m'entraîna dans une petite galerie de tableaux de sa famille, qui date de Louis XII.

— Venez, dit-il, que je vous confesse tout à fait...

— Monsieur le comte, répondis-je avec douceur, ma conscience m'a donné l'absolution politique...

— Vous êtes bien heureux, me répondit-il. Venez donc! il m'entraîna, très contrarié.

Quand nous fûmes dans la galerie, le comte reprit avec une anxiété douloureuse :

— Je vois qu'il n'y a rien de positif, de certain dans tout ce qu'on raconte... si *témérairement*... chacun suppose ce qu'il désire... Quoi! rien de certain ?...

Son émotion me gagna.

— Ce qu'il y a de certain, dis-je, ce sont deux grands corps de l'Etat qui sont engagés dans la plus étrange position qui fût jamais !...

— Cela est vrai, dit le comte... que cherche-t-on ?... L'affaire de Rome est-elle le fond de la question ? Beaucoup d'entre nous ont examiné de bonne foi le but de cette agitation générale.

La lumière ne s'est montrée nulle part.

Que le clergé s'aveugle, entraîné par ses convictions, par son exaltation, par sa tendresse pieuse pour son Chef spirituel, cela s'admet, s'explique, mais la noblesse qui entend si bien ses intérêts, qui les comprend, qui connaît la colère déraisonnable du peuple contre elle, la haine profonde des républicains, les dangers d'une révolution, qu'on dirait qu'elle brave de gaîté de cœur, en parlant sans cesse d'un mécontentement général, si facile à faire croire quand on veut décevoir le public; y comprenez vous

quelque chose ? Sur qui donc compte la noblesse?
— Je ne le comprends pas... il me semble quelquefois que je marche vers un abîme les yeux fermés!
— Je le crois de même, dis-je timidement; il me semble, monsieur le comte, que je les ouvrirais à votre place. La noblesse a ses vues que je ne puis deviner ; elle n'est pas bien d'accord avec elle-même. Ce grand corps, à ce que disent quelques observateurs, a en lui une maladie comme les corps qui ont beaucoup vécu.
— Vous avez des idées dangereuses.
— Hélas ! je crois que la noblesse en a de plus dangereuses pour elle-même que personne, monsieur le comte; je suis un ignorant qui ne veux rien apprendre là-dessus. Mais, puisque vous m'avez amené dans ce petit sanctuaire de votre famille, où nous parlons sérieusement pendant qu'on chante dans le grand salon voisin, — et qu'on y joue peut-être gros jeu (entendez ce mot comme vous voudrez), — souffrez une question au nom de l'intérêt que vous m'avez toujours permis de prendre à votre belle famille, dont le père me traitait comme un ami... ne vous trompez-vous pas... un peu sur les espérances étranges que caressent certains politiques actuels ?
— Sur quoi me tromperais-je ?
— Sur tout absolument, monsieur le comte : par exemple sur les affaires de l'Allemagne, sur les choses de l'Italie, sur la Prusse, sur les idées de l'Empereur ! sur cette ignorance de vos projets que vous lui supposez, et peut-être sur l'opinion qu'il a de toute la classe aristocratique et de celle du clergé qu'il doit avoir étudiées et dont il apprécie les dispositions actuelles.
Le comte changeant de couleur :
— Vous le croyez, dit-il très sérieusement, instruit de tout, et qu'il s'aperçoit qu'il est trahi?

— Et comment ne le croyez-vous pas, vous ?

Le comte ferma la porte de la petite galerie :

— Voyons donc, causons avec franchise !

— Avec franchise, dis-je en l'interrompant, est-ce que nous ne causons pas avec franchise, monsieur le comte ? est-ce qu'on peut s'en dispenser puisque tout le monde parle tout haut, écrit tout ce qu'il pense maintenant ? c'est la loyauté du Chef suprême qui le permet, et qui établit cette noble latitude donnée à tous, d'exprimer ses vœux sans contrainte...

LE COMTE.

— Oui, c'est vrai ; c'est hardi, très hardi... de sa part.

— C'est peut-être très prudent, dis-je. Chacun est le maître de penser et de rêver à son aise ; mais ceux qui rêvent sur l'avenir sont condamnés à l'erreur. Il n'y a que Dieu qui le sache et qui le fasse, l'avenir !...

LE COMTE.

— Oh oui ! mais la voix du peuple est aussi la voix de Dieu !

— Oui, quelquefois la voix du peuple est la voix de Dieu, monsieur le comte, quand elle n'est pas impulsionnée, mais... savez-vous ce qu'il ose dire, le peuple ?... Un mot affreux qui fait frissonner ; il dit que *la noblesse* agit comme si elle n'y croyait pas, *en Dieu !* car elle s'en sert, de *Dieu, comme d'un instrument politique.* J'ai tremblé d'épouvante à l'idée qu'il pourrait s'aviser de le croire, car alors...

LE COMTE.

— Pourquoi dit-il cela ?

— Parce qu'il croit le voir ; presque toutes ces brochures qui pleuvent par milliers ont le même mot d'ordre, la même combinaison ; et vous savez comment il est facile d'établir une idée fausse, effrayante dans les esprits à force de la répéter, même dans les esprits les plus fermes. Rappelez-vous l'expérience du célèbre Corvisart sur deux de nos plus intrépides guerriers de l'Empire et un baron de votre famille.

LE COMTE.

— J'en ai une idée confuse; je crois qu'il leur administra un régime qui...

— Point du tout, monsieur le comte; il ne leur administra rien. Il les rendit malades en leur parlant.

« Vous êtes très fatigué, maréchal, dit Corvisart au premier de ces deux grands officiers, prenez un peu de repos. » Le maréchal répondit : « Du repos! je ne sais pas ce que c'est... d'ailleurs, nous n'avons pas le temps. » Il sortit.

Dans l'escalier, le maréchal rencontra une de ses connaissances intimes, qui, après lui avoir demandé des nouvelles de sa santé, question à laquelle il avait répondu : « Parfaite, parfaite toujours; le regarda sans parler jusqu'à ce qu'il fut arrivé au bas de l'escalier, et là au moment où le maréchal montait en voiture lui cria : « Excusez-moi, monsieur le maréchal, je ne vous ai pas demandé comment vous vous portiez. Pardon de mon oubli... je me le reproche beaucoup, mais beaucoup, aujourd'hui surtout. » — « Mais si fait, vous me l'avez demandé, et je vous ai répondu très bien!... et le maréchal dit à son valet de chambre : — Prévenez mon cocher, je vais chez l'Empereur... Allons, fermez donc la portière. » Le valet de chambre hésitait : — « Monseigneur ne se sent pas... indisposé... — Pardieu, non... pourquoi? — Pour rien, c'est que... je me trompe, tant mieux!... alors... » Il ferma la portière... Lorsqu'il la rouvrit pour faire descendre le maréchal, celui-ci le regarda en face, et le valet de chambre détourna la tête. — Eh bien! dit le

maréchal, ai-je l'air changé ! — Non, monseigneur, on peut être pâle, mais cela ne signifie
rien. — Je suis donc pâle?... Joffrand, dit-il au
cocher, comment suis-je?... Le cocher se détourna
et dit d'un air tranquille : Monseigneur a le sang
à la tête, il aura trop travaillé... sans doute!...

Sous le péristyle des Tuileries, un aide-de-
camp, officier supérieur, l'accompagna jusqu'à la
salle des maréchaux et lui demanda trois fois de
suite de ses nouvelles, avec un très grand intérêt
mêlé d'une inquiétude visible...

— « Diable ! dit le maréchal... est-ce que je
suis malade sans le sentir... il faut secouer cela. »

On comprend que Corvisart avait fait une gageure, et qu'il avait disposé plusieurs personnes
pour agir sur le moral de l'homme intrépide qu'il
voulait venir à bout de frapper moralement.

L'Empereur (c'était avec lui que Corvisart avait
gagé et parlé de la facilité de porter une influence
morale sur un homme, sur plusieurs hommes,
sur une troupe entière), l'Empereur dit au
maréchal en le quittant : « Maréchal, bien que
ce que je vous donne à faire soit pressé, prenez
votre temps, vous avez grand besoin de vous re-
poser, je le vois bien. » Le maréchal rentré chez
lui se regarda dans plusieurs glaces. Tous ceux
qui le rencontraient le regardaient aussi d'un air
étrange sans lui parler et sans le quitter des yeux
tant qu'ils pouvaient l'apercevoir. (Ils en avaient
l'ordre.)

Le maréchal ne douta point que sa physionomie
ne fût altérée. Il demanda à manger... et un verre
de vin... Le cuisinier et le sommelier lui firent
leurs excuses et lui dirent tristement : « Nous avons
la défense expresse de donner ni consommé, ni
vin de Bordeaux pur à Votre Excellence. »

— Qu'on me donne un cheval, dit le maréchal...
je veux faire un temps de galop ; il descendit. Le

bouillon et le verre de vin défendus, avaient fait descendre tout le monde dans la cour de l'hôtel... Le maréchal avait des cors au pied droit; il fit un faux pas... vingt personnes crurent qu'il chancelait et allait tomber.

Corvisart, caché, se montra aussitôt... le maréchal lui tendit son bras, en disant : Je ne sais ce que j'ai, mais je me trouve comme si j'étais dans un poste où la mitraille va pleuvoir tout à l'heure. Et bien que je ne la craigne pas trop... cela fait une sensation désagréable.

« Il paraît qu'on me trouve quelque chose. » — Nous allons en parler, dit Corvisart, Ah ! le pouls est fébrile ; venez vous coucher, je vais vous guérir. Et il lui conta la gageure.

— Ainsi vous êtes venu à bout de me flanquer la fièvre de peur ! c'est un tour abominable que vous m'avez joué là, docteur !

— Oui, mais soyez fier de l'épreuve, il a fallu onze personnes pour vous démoraliser. Maréchal, vous êtes d'une trempe supérieure extraordinaire... Si vous disiez à une compagnie de grenadiers qu'elle est sur un terrain miné, combien croiriez-vous qu'il faudrait d'avertissement pour les faire changer de place ?

— Ils resteraient tous, répondit le maréchal furieux, si je les commandais surtout ! mais ils jureraient comme des païens et chercheraient à vendre cher leur vie ! — Le pari était à moitié gagné.

Le deuxième officier général fut convaincu tout de suite qu'il était malade : Eh bien ! tant pis, je m'en bats l'œil, dit-il. Il s'enveloppa de son manteau et se coucha sur son canapé, après avoir reçu tous les ébranlements nerveux qui lui avaient été préparés par sa femme et sa fille épouvantées.

Quant à votre père, monsieur le comte, le baron, qui n'était pas d'une aussi grande force

musculaire ni mentale, il se coucha fort tranquil-
lement après avoir écrit à Sa Majesté : « Sire,
« comme il serait possible et probable que je ne
« pusse pas terminer le travail pressé que Votre
« Majesté a daigné me confier, je la supplie de
« le remettre au général qui était présent, lors-
« qu'elle me fit l'honneur de me le donner. »

— Oh oui ! oui ! c'est vrai ! dit le comte, je me
rappelle à présent la gageure de Corvisart... mais
quel rapport?...

— C'est la même chose exactement; vous entendez dire et raconter à tout le monde : Nous
courons à la Révolution... quoiqu'on ne voie rien
qui y ressemble; mais comme tout le monde le
répète, on le repète de nouveau, on le redira sans
cesse jusqu'à ce qu'on le croie. On mettrait le
choléra dans le pays le plus sain, avec de tels
procédés... Maintenant, parlons plus sérieusement.

Je vous suppose, non comme vous l'êtes, un
homme irréprochable; mais un de ces hommes
que je ne veux pas qualifier, et *désireux d'un
renversement*. Eh bien ! amusons-nous à examiner
à quel point ce renversement serait possible !

— Ah ! ah ! ah ! ah ! c'est drôle, voyons !
voyons !

— Est-ce que vous ne vous souvenez pas que
Napoléon Ier, après avoir vu cinq cent mille
hommes ensevelis dans les neiges de la Russie, a
tenu avec soixante à quatre-vingt mille hommes
contre toute l'Europe armée qui était entrée dans
la France, laquelle ne pouvait plus et ne voulait
plus faire la guerre ?

— Je m'en souviens, oui... il a tenu bon.

— Est-ce que vous croyez que Napoléon III,
avec, ı   as soixante mille hommes désespérés,
ma   ze cent mille hommes d'élite,
le premiers s lats du monde, se laisserait dé-

trôner lui et son fils, par deux classes de la société *qui lui doivent tout?*

— Oh ! non ! non ! certes, non, ce serait une folie de le croire.

— Est-ce que vous ne savez pas que l'Autriche, dont les légitimistes se plaisent à représenter la puissance comme formidable, est sans argent et sans crédit, et qu'elle a si peu de ressources qu'elle place dans notre bourse et nos chemins de fer, l'argent de ses terres qu'elle vend en loteries ?

— Pardon, je le sais.

— Ne savez-vous pas que les quatre cent mille jeunes gens de l'Allemagne qui étaient la plus forte défense de l'Autriche, ces quatre cent mille jeunes gens libéraux, fils des quatre cent mille guerriers qui aidèrent et parvinrent à arrêter le colosse impérial français, n'estiment pas, au fond de leur âme, la conduite inhumaine de François-Joseph sur l'Italie, avec ses prisons dures, etc., et que, dans le fond du cœur, ce jeune empereur, dont l'esprit semble distingué et l'âme élevée, doit se dire : C'est le plus beau fleuron de ma couronne que je perds en perdant l'estime de cette élite de ma population.

Et puis croyez-vous que la politique qui pense à elle avant tout, ne s'avisera pas de dire à ce grand serpent de terre, qui s'appelle *la Prusse :* « Il y a longtemps que tu attends une circonstance favorable pour t'engraisser. Ne sois pas assez sot pour rester observateur pacifique de la belle occasion que t'offre aujourd'hui la catastrophe de l'Autriche, si souvent prophétisée par le vieux maréchal prince Blücher ; et gratifie-toi des deux belles provinces qui te touchent ! »

Le comte murmura tout bas :

— Les Prussiens sont de fort honnêtes gens, assure-t-on... mais... je conviens... que...

J'ajoutai alors ces quelques mots :

— Il faut à François-Joseph cent mille Autrichiens pour tenir Venise esclave ; cent mille autres pour garder les forteresses qu'il a conservées ; cent mille au moins pour la sûreté de ses Etats, et peut-être autant pour assurer son repos très inquiété dans la Hongrie ; il n'en aurait pas cent de reste pour hasarder les chances de la guerre, avec son pays épuisé d'argent et ces quatre grands royaumes de Saxe, de Bavière, de Wurtemberg et de Wesphalie qui, ayant des intérêts particuliers, ne peuvent plus lui donner l'espoir certain d'un secours sur lequel il pouvait compter jadis.

Que reste-t-il donc aux étrangers pour faire la guerre à la France ? — Est-ce l'Italie ? Elle est enfin réunie en un royaume qui est devenu un allié de la France. — Est-ce l'Angleterre ? Elle est notre ferme alliée dans son intérêt. — Est-ce l'Espagne ? Elle est notre amie et notre débitrice ? — Est-ce le Portugal ? Il est sous l'influence anglaise ? — Est-ce enfin la Russie ? Elle a ses intérêts du côté de l'Inde et de l'empire ottoman !

Ainsi la providence ne pouvait rien établir de plus favorable à la France conquérante, si elle voulait l'être, que l'état de choses actuel. Toutes les chances de l'avenir sont pour nous, et la France n'a rien à redouter que de la trahison. Elle peut chercher à entourer l'Empereur long-temps trop confiant, mais il commence à voir clair, à reconnaître la lâcheté de ses ennemis, leur ingratitude et leurs prétentions ; il les apprécie et les juge. et s'il ne les tenait pas dans un mépris égal à leur folie, il étendrait la main sur eux. Voilà ce qu'on peut croire et dire, puis-qu'on dit tout.

Or, sauf la trahison, soyez certain qu'aucun danger ne saurait l'atteindre, grâce à Dieu. Ajoutez que la matière électrique empruntée à la foudre lui obéit, et lui porte à chaque heure les détails exacts de ce que la fureur insensée des partis ose rêver contre lui, et que rien ne lui échappe.

A présent étonnez-vous de sa mansuétude, de son silence, de son calme parfait, et de cette qualité précieuse dont le ciel l'a gratifié, celle d'être en tout et toujours *maître de lui.*

Sans cette magnanimité, que deviendraient ses ennemis? Mais grâce au ciel, il est au-dessus de la vengeance. Il se bornera sans doute à donner à cette caste ingrate, le regret et la honte de reconnaître l'impuissance de ses efforts coupables contre son bienfaiteur, tandis qu'ils comprendront qu'un seul mot de sa bouche aurait suffi pour les anéantir.

Le comte garda le silence; puis relevant la tête, il dit :

— Soit! mais la noblesse napoléonienne n'a pas été coupable au degré de l'ancienne caste légitimiste. Notre seul tort est d'avoir adopté inconsidérément les prétentions secrètes et les exigences de l'orgueil féodal... l'orgueil est contagieux.

— Puisse cette excuse vous suffire! je l'espère autant que je le souhaite.

— Je l'espère aussi, répondit le comte avec un soupir, comme un homme qui prend son parti de bonne grâce, en perdant une illusion agréable.

Et se résignant sur-le-champ, avec cette mobilité d'esprit et cette légèreté qu'on remarque avec surprise dans la haute aristocratie, si facilement entraînée vers les extrêmes opposés, dès qu'elle croit y reconnaître son intérêt, il s'écria d'un ton de gaîté caustique qu'il avait naturellement en lui :

— Allons, la mode va changer. Après avoir fait de la grande piété, nous allons refaire maintenant

comme après la Fronde de Richelieu, du Louis XIV
et du Louis XV, et reprendre avec les belles ma-
nières des Saint-Simon et des philosophes pieux
de cette époque, le grand parti des libertés galli-
canes, et peut-être chanterons-nous comme les
petits-maîtres du temps du parti des princes ou
de Mazarin :

> Ne soyons pas plus chétiens que le Pape,
>   Plus royalistes que le Roi,
> Et ne baissons jamais, pour le prince ou la foi,
> Plus bas que le devoir ou l'épée ou la cape.

Adieu, très cher ; je vous crois dans le vrai !
Vous m'avez fourni d'excellentes observations. Je
vais y réfléchir encore.

— Réfléchissez, monsieur *le Sénateur de l'Empire !* répondis-je en le quittant.

II

J'étais rentré depuis deux heures, quand le
jeune vicomte, mon ami littéraire, m'arriva une
seconde fois.

— Voici du nouveau, me dit-il. D'abord, je vous
remercie, vous avez dit des vérités utiles et qui
ont fait beaucoup de bien.

A peine vous sortiez que mon père, qui venait
de vous reconduire, trouva dans la petite galerie
de nos tableaux de famille, la marquise ma
grand'tante, qui s'écria avec véhémence :

— Ecoutez, mon gendre ; je vous ai entendu,
vous et votre vieil ami, sans perdre un seul mot
de votre conversation, car vous parliez tous
deux avec animation et très haut.

Or, si ce qui vient de vous être exposé est vrai ; c'est-à-dire si Napoléon est instruit, comme cela me paraît certain, de tout ce qui se dit, se pense, se complote dans nos salons et dans le clergé d'accord avec nous... il faut qu'il soit bien complaisant, ou plutôt bien décidé d'avance aux sérieuses mesures qu'il doit prendre et qu'il prendra bientôt sans doute... son sang-froid m'épouvante cent fois plus que ne le ferait sa colère. Je me persuade qu'il commence à perdre beaucoup de l'estime qu'il avait pour nous.

Il faut que je vous dise en passant, que ma grand'tante est une femme de tête et d'esprit; qu'elle a autant de caractère que de raison.

Elle continua en ces termes :

— Si Napoléon III, qui est aussi fort, de bon sens qu'il est intrépide de sa nature, voit enfin clair aujourd'hui, il finira par agir comme son oncle aurait agi dans les circonstances où nous sommes ; et dans quelques heures il sera le maître de toutes les dissidences, car il y a danger de les laisser continuer plus longtemps, et péril pour tout le pays, comme pour lui-même.

Vous, mon gendre, avec votre réputation de prudence, je ne conçois pas comment vous vous êtes laissé entraîner si avant dans l'opposition légitimiste qui se cache sous le voile de notre sainte religion.

Monsieur l'abbé X..., qui n'est pas un sot et qui voit très loin, me conseillait de séparer en deux parties notre famille si nombreuse et si riche, dont une moitié demeurerait *silencieuse dans le côté napoléonien* et l'autre *continuerait à crier avec les légitimistes ;* de sorte qu'après le conflit, notre position particulière devenue prête à toute chance, nous permettrait de nous appuyer sur le côté vainqueur, qui remettrait l'autre en grâce. Mais après réflexion, j'ai compris que c'était une tactique ultramontaine indigne de nous par sa déloyauté. — Voyons, qu'en dis-tu, toi, Ernest, me fit-elle en m'apostrophant, car je venais de rentrer depuis deux minutes... je te garde mes cent cinquante mille francs de revenu, c'est à toi de décider dans quel camp tu veux les jouer!

Je n'hésitai pas un instant, continua le vicomte ; je pris la main de la marquise. Tous les souvenirs des bontés de Napoléon 1er pour mon père dont j'avais le portrait en face de moi, me revenaient à la fois... — Madame ma chère et bien noble tante, répondis-je, mes yeux s'ouvrent tout à fait, la situation actuelle est terrible, mais s'il faut que les deux noblesses se battent ensemble, nous sommes des nobles de Napoléon Ier, et c'est à lui que mon père a prêté serment de fidélité...

— C'est bien, mon neveu, dit la marquise en m'embrassant les larmes aux yeux ; nous sommes de l'Empire, nous le défendrons. Si l'un de tes aïeux avait pris une tour à Ptolémaïs, au temps des croisades, j'en serais bien aise certainement ; mais j'aimerais autant un des nôtres qui aurait pris une tour comme celle de Malakoff, ou fait toute autre belle action récente, comme ton père ou quelqu'autre illustre guerrier de l'époque de Napoléon Ier, dont la noblesse ne vient que de ses œuvres, et qui en vaut bien une autre!

Mon père parut surpris de la subite animation de la marquise et lui exprima son étonnement. Ma tante lui répondit :

— Ma conscience est irréprochable autant que ma piété est sincère, mes prières pour le Saint-Père sont ardentes et continuelles ; mais je sais l'histoire de France, et bien des mystères se dévoilent pour moi depuis peu. Je ne vous dirai rien des quelques scandales qui sont reprochés très vivement à des coupables qui doivent au peuple l'exemple de la morale et de la vertu, et dont on a daigné cacher longtemps les désordres par égard pour leur habit. Je sais que les faiblesses de l'humanité appartiennent à tous les pauvres humains. Je rougirais de vous raconter des détails dont le récit va mettre le peuple en ébullition et qui feraient rougir un vétéran de nos zouaves. Non, je suis pieuse et fidèle à Dieu comme à mon ancien Empereur et à son successeur d'aujourd'hui, parce qu'il nous a sauvé de *la dernière révolution républicaine*, et que je n'en veux plus.

Ici donc, je ne vous parle que de vos intérêts de famille, de ceux de votre politique particulière et de votre ambition juste et permise à la conservation de notre fortune en cas de révolution nouvelle, qui viendra... si Napoléon III ne la contient pas, car voilà où la fureur légitimiste actuelle nous conduit évidemment. J'en sais beaucoup à ce sujet, et je t'en ai souvent parlé, mon cher Ernest.

Moi-même j'ai toujours pensé que les anciennes castes nobles, toujours trop orgueilleuses, ne *nous adoptaient pas de bonne foi* et ne nous mettraient jamais de *niveau avec elles*. J'en ai mille preuves, et dès le temps de Louis XVIII, lorsque notre noblesse napoléonienne crut faire un bénéfice, en changeant le blason napoléonien, qui se composait de plumes flottantes comme celles du temps de Charlemagne, en adoptant à leur place, la forme des anciens blasons des preux Français ou Francs, j'ai vu plus d'une comtesse de race féodale, avoir l'effronterie de signer : comtesse avant *la plume*, pour exprimer qu'elle était d'une race plus illustre et différente de la nôtre ; ce que je ne leur pardonnerai jamais.

Aujourd'hui nous sommes encore traînés à la remorque de la féodalité, qui, si l'Empereur n'y mettait pas ordre et promptement, verrait l'animosité populaire se réveiller contre tout privilége, car le peuple ne considère que les supériorités sociales véritables; *et nous qui les tenions,* nous avons commis la faute immense de ne pas nous faire *bourgeois populaires, illustres,* au lieu de nous laisser appeler *nobles quasi vilains,* ce qu'ils disent souvent de nous... tout bas.

Mon orgueil en a souffert, car l'orgueil est, fut et sera toujours le plus grand roi de la France; ainsi nous risquons aujourd'hui de voir bien des malheurs.

La question qui se débat n'est pas autre que celle de savoir *si on ne ramènera pas tout l'ancien régime,* ce qu'on espère en s'aidant de Dieu qu'on a la sacrilége audace d'employer comme un instrument politique. Bref, je crois, ajouta la marquise tout bas à mon oreille, pendant que je la conduisais à sa voiture, je crois fermement, autant que je le souhaite, que Napoléon III, qui, selon moi, aurait droit d'être un peu vindicatif, que l'Empereur, dis-je, qui est le plus habile politique qui ait jamais régné, *n'a pas encore voulu montrer son indignation, parce qu'il a pris la résolution de laisser voir les abus et les exigences des deux premiers corps sociaux devenir si criants, si hardis, si coupables, que l'on sente la nécessité de les réprimer et de les punir.* Ainsi ceux qui se sont persuadés que l'Empereur serait amené à ces concessions féodales plus grandes, se trompent tout à fait : il est trop instruit de l'opinion prédominante chez le peuple pour donner dans ce piége. — Et puisqu'il faut vous le dire, la liberté de la presse dont un seul parti s'est servi en en abusant, est un piége grossier tendu à l'étourderie de l'orgueil et de l'inexpérience; vous y avez mordu, pauvres politiques, et vous ne l'avez pas deviné, puisque vous avez tout dit et tout écrit.

Dieu veuille que vous n'en ayez ni honte, ni regret, et que ce péché maladroit obtienne l'absolution que vous ne méritez pas. Ainsi soit-il !

Ma tante est partie.

— Eh bien ! je vous félicite, mon cher Ernest d'avoir une tante aussi sage et aussi digne de sa noblesse... si j'étais à votre place, je ferais hautement une manifestation pareille à la sienne.

— J'y penserai, me répondit Ernest, mais cela est grave parce qu'il faudrait dire bien des choses.

— Eh quoi donc? Est-ce qu'on ne dit pas, est-ce qu'on n'écrit pas tout aujourd'hui?

— Oui, mais...

— Allons, répondis-je avec une tristesse profonde, si ceux que Napoléon Ier et Napoléon III ont comblé de biens et d'honneurs hésitent à défendre les intérêts de leur dynastie, il faut donc qu'un homme qui l'aime *gratis* s'en charge par le seul sentiment d'indignation de ce qu'il entend et de ce qu'il voit....

Et j'écrivis la lettre suivante à M. le comte de Montalembert.

III

« Monsieur le Comte,

« Après avoir constaté mon admiration pour votre éloquence, juste tribut qu'elle m'oblige à vous payer malgré moi, j'éprouve un étonnement pénible dont il faut que vous daigniez m'excuser : c'est... que vous n'avez pu me persuader en rien.

« La question politique et religieuse qui a failli

embraser l'Europe et jeter le désordre dans la France entière, n'a pas encore fait un seul pas, On ne la discute point en réalité, on parle à côté d'elle.

« Il ne s'agit pourtant que d'un seul point dont il faut être d'accord pour en raisonner... c'est la nature du pouvoir temporel de Sa Sainteté.

« Les uns disent qu'on veut dépouiller le Pape, et que c'est un vol !

« Les autres soutiennent qu'il n'y a nulle spoliation, même intentionnelle, et offrent de le démontrer.

« Un parti qui se dit plus pieux que tout le monde s'écrie qu'il ne faut rien examiner.

« Il y a donc mauvaise foi ! Ainsi tout espoir de s'entendre est évanoui.

« Enfin peut-être arriverons-nous à une solution positive. C'est l'espoir prochain d'une loi bien nécessaire qui intéresserait tout le monde, la noblesse surtout.

« Je ne sais quel titre aurait cette loi, qui s'élabore, dit-on, en ce moment : nous l'appelons de tous nos vœux. Elle jetterait le plus grand jour sur nos affaires morales, politiques et religieuses, et, certes, il est bien temps !

« On affirme qu'elle doit s'occuper principalement de *la félonie*.

« Je la suppose pour un instant faite, cette loi ; et je vous consulte à ce sujet, Monsieur le Comte ; je ne puis m'adresser mieux ni plus haut.

« Un nom comme le vôtre ne se signe pas à la légère, il porte loin ; c'est un acte solennel. Et si ce vieil axiome est vrai « tant vaut le chevalier, tant vaut l'oriflamme, » il faudrait s'incliner devant vous sans réflexion. Mais après avoir écouté par déférence et respect votre voix éloquente et forte, j'ai dit : Je ne suis pas convaincu ;

ainsi je cherche dans le tournoi le côté vulnérable du chevalier sous sa puissante armure... Dieu le veut !

« A la belle époque des plus nobles souvenirs de piété sage, de science parfaite de tout ce que l'on devait à Dieu, à sa conscience et à son roi, je vois Charles VIII entrer en Italie pour y revendiquer des droits que personne ne s'avisa de contester. Chacun était convaincu de la justice de cette réclamation.

« Tout le monde comprenait aussi et expliquait bien plus convenablement qu'on ne l'explique aujourd'hui, la nature du pouvoir temporel des Papes ; c'est-à-dire qu'il était susceptible de changer selon le sort des armes, s'accroissant ou se diminuant par la guerre, comme celui de tous les autres princes.

« Les mieux convaincus de cette vérité étaient les Papes ambitieux, qui cherchaient à dépouiller leurs voisins, pour accroître leur temporel en mêlant à leur influence religieuse et à leur force matérielle, autant qu'à l'assistance de leurs auxiliaires et de leurs amis, la ruse et souvent la perfidie, comme nous en avons tant d'exemples.

« Vous connaissez bien l'histoire de France, Monsieur le Comte, elle est aussi celle de votre famille, puisque vos aïeux commandaient à cette époque en Italie presqu'en même temps que Bayard, le chevalier sans peur et sans reproche, obligé malgré sa piété de faire la guerre au Pape Jules II et de combattre ses trahisons continuelles envers les Français et leurs alliés. Et votre aïeul d'Essé, seigneur de Panvilliers, comte de Montalembert, n'a sans doute pas plus balancé que Bayard à faire son devoir de fidèle chevalier français (1).

(1) Bayard résistant à main armée aux actes d'envahisse-

« Revenons à l'opinion qui existait sur le temporel des Souverains Pontifes.

« Nous voyons Charles VIII allant à Naples, traverser Rome la lance en arrêt en maître absolu, à la lueur des flambeaux, sans que personne, répétons-nous, à cette époque pieuse, l'accusa d'usurpation d'aucun droit. Il y plante ses justices, y exerce tous les actes de la souveraineté, y fait des exécutions de criminels, donne des lettres de grâce à d'autres ; le tout pour contredire et anéantir la bulle de Boniface VIII, *unam sanctam*, qui porte ces mots : « l'Eglise est investie du pouvoir du glaive spirituel et matériel, (1) » et pour faire voir que les rois de France ses prédécesseurs, en donnant à l'Eglise la ville de Rome et son territoire, *avaient positivement conservé pour eux et leurs successeurs* autant de juridictions temporelles que les Papes eux-mêmes qui la tenaient d'eux.

« N'est-il pas constaté qu'Alexandre VI, qui siégeait alors, s'était retiré au château Saint-Ange, pour ne pas rendre l'hommage qu'il devait au roi, et qu'il fut contraint de venir à composition couronner Charles VIII, roi de Naples et empereur de Constantinople ?

« Une seule voix s'éleva-t-elle alors pour ré-

ment de Jules II, faillit enlever un jour Sa Sainteté. Pensez-vous qu'il fut accusé d'impiété par aucun des chrétiens de France ou d'Italie ? lui qui a vécu et qui est mort comme un saint, en disant au cardinal de Bourbon : « Il n'y a point de pitié en moi, qui meurs en homme de bien, servant mon roi ; il faut avoir pitié de vous, qui portez les armes contre votre prince, votre patrie et votre serment. » Bayard à qui l'on fit des funérailles royales ; lui, par qui François Ier voulut être armé chevalier et qui avait acquis la plus haute réputation de courage, de piété et de fidélité possible.

(1) *Gladius uterque in potestate ecclesiæ, scilicet spiritualis et materialis.*

clamer en faveur de Rome contre le roi de France? Non! Tandis qu'on le fit courageusement dans l'intérêt de la Toscane que Charles tenta de gouverner en s'en emparant, Pierre Capponi déchira fièrement le cahier des propositions du roi, en disant : « Puisque Votre Majesté nous demande l'impossible, elle n'a qu'à faire battre le tambour et nous ferons sonner le tocsin. » Ce qui fit que Charles VIII renonça à une partie de ses prétentions et bientôt les abandonna tout à fait.

« Le temporel des Papes se composait donc seulement de ce que leur abandonnait la protection de la France, qui la leur conserva toujours, malgré leur conduite si souvent ingrate envers elle.

« Au milieu de ces troubles fatals, un principe dominait tout et sauvait tout heureusement; c'était la loyauté, l'honneur et la fidélité de nos chevaliers à leur souverain. Ils savaient, comme Bayard, allier ensemble la modération et la piété contre les actes les plus coupables des Pontifes envers eux.

« Aussi était-il bien reconnu alors qu'on ne devait aux Papes que le respect et la vénération attachés à leur caractère sacré, et ce n'est que depuis que les Pontifes ont reconnu l'impossibilité d'abuser de leur position, *en augmentant leur temporel par la guerre,* que la cour de Rome a prétendu que son fief mouvant de France était *son patrimoine inaliénable et sacré!*

« Donc, de la reconnaissance des droits de Charles VIII sur la jurisprudence temporelle de Rome, dont nul ne doutait, et de sa souveraineté incontestable et non contestée par personne, pas même par le Pape, il résulte que les souverains français qui ont bien voulu n'être que les protecteurs de Rome et du Saint-Siége ont été bien généreux, car ils y pouvaient exercer les droits souverains comme le Pape, lequel restait leur feudataire soumis, surtout depuis la déclaration solennelle de Charles VIII, qui avait aboli le pouvoir du glaive *matériel*, et privé le Saint-Père du droit inutile et sacrilége de la guerre, à la grande joie de tous les chrétiens animés du véritable esprit de l'Evangile.

« Observons que la puissance du Pape, restreinte au seul gouvernement spirituel dès le Pape Alexandre VI, n'est pas une chose nouvelle, et qu'il ne tenait qu'au roi de France d'habiter Rome et d'y régner à côté du Saint-Père ou de s'y faire remplacer par un vice-roi ou gouverneur.

Tout cela, qui était de droit strict, est bien différent du pouvoir papal, tel qu'on le suppose aujourd'hui sans examen, en feignant d'oublier que Napoléon Ier, malgré sa bienveillance pour le Souverain Pontife, revendiqua ses droits sur Rome. Il la réunit à l'Empire par un décret dont les considérants méritent d'être cités :

« Napoléon, etc., considérant que lorsque
« Charlemagne, empereur des Français et notre
« auguste prédécesseur, fit don aux évêques de
« Rome de diverses contrées, il les leur céda à
« titre de fief, pour assurer le repos de ses sujets,
« et sans que Rome ait cessé pour cela de faire
« partie de son empire; considérant que depuis
« ce temps, l'union des deux pouvoirs spirituel
« et temporel avait été, comme elle est aujonr-
« d'hui, la source de continuelles discordes ; que
« les Souverains Pontifes ne se sont que trop
« souvent servis de l'influence de l'un pour sou-
« tenir les prétentions de l'autre, et que par cette
« raison, les affaires spirituelles, qui sont im-
« muables de leur nature, se trouvent confondues
« avec les affaires temporelles, etc. » — Suit le protocole.

« La réponse du Pape à ce décret fut un bref d'excommunication qui attestait non-seulement un abus du pouvoir spirituel, car il commettait un acte d'insubordination envers le monarque dont il était positivement le feudataire, mais encore un acte d'ingratitude coupable envers Napoléon I⁰ʳ qui avait tiré l'Eglise de Dieu des prisons et de l'exil.

« Mais à Dieu ne plaise que nous allions blâmer la généreuse protection que le Saint-Siége a reçu des deux Napoléon qui ont montré pour lui plus d'égards et de respect même que saint Louis, dont la sage prudence n'accordait rien à la cour de Rome au delà de ce qu'elle lui devait, et qui semblait prévoir la nécessité de conserver le repos de la France contre un pouvoir qui ne parlait pas toujours avec le langage de Jésus-Christ, bien qu'il fût son vicaire !

« A Dieu ne plaise que nous citions ces détails pour en faire un moyen d'attaque contre les esprits généreux qui s'intéressent au sort de Pie IX ! Nous en profiterions plutôt pour mieux faire valoir la protection que Napoléon continue à ce pieux et saint vieillard. Toute la France le plaint sincèrement, non de ses maux personnels que notre Empereur saurait toujours guérir et consoler, mais de l'entourage dangereux qui l'obsède, l'égare probablement et l'empêche, en entravant sa liberté, de s'entendre avec Napoléon III.

« Il faudrait être aveugle pour ne pas pénétrer du premier coup d'œil le changement malheureux qui s'est opéré dans les dispositions du Saint-Père, surtout quand on compare, à la conduite actuelle de la cour de Rome, la générosité, la charité, l'exercice de toutes les vertus et la noblesse de caractère qu'a montrés le Saint-Père depuis son exaltation !

Mais alors il n'obéissait qu'à la religion pure, à

la piété sincère de son âme; aujourd'hui il est esclave de ceux qui le perdent et font un tort incalculable à la religion.

« Vous, Monsieur le Comte, qui voulez la défendre; vous qui avez pris cette belle mission, êtes-vous sûr du bien que vous croyez faire? — Non !

« Que vos intentions soient pures, on n'ose en douter, malgré vos paroles dont la mesure est quelquefois au delà du sang-froid et de la prudence. Mais l'opinion publique, vous le savez, s'empare des grands noms comme le vôtre; elle leur impose des devoirs, et surtout l'obligation d'imiter la conduite de leurs ancêtres.

« Elle vous dirait à vous, Monsieur le Comte : Vos pères ont été à peu près contemporains et compagnons de Bayard, amis de François Ier. Les accusez-vous d'impiété dans leur conduite parce qu'ils ont été obligés de combattre le pape Jules II, qui agissait sans conscience ni pitié, qui spoliait ses voisins pour élargir son temporel? Accuserez-vous d'Essé, seigneur de Panvilliers, comte de Montalembert, votre aïeul, et le modeste Pierre du Terrail, chevalier de Bayard, lieutenant-général pour le roi de France; ces deux illustres chevaliers qui ont moissonné des lauriers presqu'ensemble au milieu du quatorzième siècle? Seraient-ils de la même opinion au dix-neuvième, c'est-à-dire aujourd'hui? L'honneur, qui serait toujours le guide de leur conscience, conduirait-il ces deux gentilshommes de la même manière que vous, à se mettre à la tête d'une révolte d'opinion en faveur de la cour de Rome et de ses intrigues? ou tous deux s'empresseraient-ils de mettre leurs noms, faits pour donner un utile exemple, sur la liste qui sera sans doute ouverte pour le serment de fidélité dû par les gentilshommes de la noblesse rétablie par l'Empereur?

« Si je me suis permis de vous dire : Je vous consulte sur ce projet de loi, c'est que je le reconnais et que vous lui reconnaîtrez une importance grave. Je devais y appeler votre attention.

« En effet, quand deux adversaires s'attaquent loyalement, ne doivent-ils pas mutuellement s'avertir de ce qu'ils ont de dangers à courir, et surtout si l'un d'eux se trouve donner prise sur lui et laisse l'occasion de le frapper à découvert?

« A propos donc de ce serment de fidélité, j'aimerais mieux qu'on ne fût pas obligé de vous mander à la table des maréchaux de France, chargés, comme au vieux temps, de vous apostropher en ces termes ou autrement, n'importe :

« Gentilhomme, comment n'es-tu pas déjà venu
« prêter le serment de fidélité que tu dois à ton
« Empereur et souverain légitime, dont tu es
« l'obligé, puisqu'il t'a donné, rendu ou rétabli
« en tous tes titres de noblesse et d'honneur, et
« t'a sauvé peut-être la fortune et la vie ; ce que
« la noblesse ne peut pas avoir oublié. Ne t'ex-
« pose pas à être rappelé aux devoirs de preux
« et anciens chevaliers, toi qui sais que le seul
« soupçon d'ingratitude est un premier pas vers la
« félonie. Sers Dieu, ton pays et ton Empereur ! »

« Or, j'aimerais mieux que vous eussiez déjà le droit de répondre : Je ne dois rien, j'ai envoyé mon serment de fidélité et même l'engagement qui ne peut pas manquer d'être contenu dans un des articles de la loi... Je reconnais que le gentilhomme dévoué ne doit point s'exposer à émettre une opinion sur les affaires de l'Etat, sans être sûr de l'agrément du premier gentilhomme de la noblesse de France, c'est-à-dire de son Empereur, par respect pour lui et pour la paix publique, car il s'exposerait à un jugement de blâme et plus encore peut-être.

« Sans doute, vous feriez un sacrifice et vous

nous priveriez de morceaux précieux et d'une éloquence admirable! Mais nous y gagnerions tous.

« Vous comprenez bien, avec votre esprit supérieur, ce que j'admets nécessairement pour pouvoir vous parler ainsi.

« J'admets que vous ne pouvez pas sortir de votre obligation actuelle, sans la remplir.

« Peut-être croiriez-vous pouvoir répondre : « Nous avons la noblesse, nous n'avions pas « besoin qu'elle fût rétablie par l'Empereur ac-« tuel, auquel nous n'avons point de serment à « prêter. » C'est une erreur!

« Vous êtes nobles, soit! mais vous n'êtes point nobles de l'Empire; vous avez accepté la noblesse et ses honneurs, et vous êtes obligés, par le fait de votre jouissance, au serment de fidélité qui vous peut être demandé quand on le voudra : car l'Empereur a pu vous la donner, comme il est maître de vous l'ôter, en cas d'indignité ou de félonie.

« Vous lui devez ce serment à deux titres, d'abord comme votre Empereur, car en tout État bien réglé, *toute noblesse vient du prince et retourne au prince quand elle se perd;* autrement à qui serait-elle?

« Vous le lui devez encore comme souverain nommé par les constitutions de l'Empire et par huit millions de voix, qui lui ont donné le droit de vous rétablir... huit millions de voix! auxquelles l'Empereur doit compte de la conduite que vous tiendrez envers lui !

« Car cette innombrable population peut lui dire demain : *Premier magistrat de l'Empire, faites respecter notre choix et la majesté qui s'y rattache!*

« L'Empereur n'a pas rétabli la noblesse pour elle-même; il n'en avait pas besoin. C'est pour nous, se dit le peuple; c'est une récompense pour les grandes actions, les faits héroïques, les grands services rendus à la nation et les génies qui font la gloire du pays, comme le Louvre est un temple où les célébrités nationales trouvent la place que leur assigne l'opinion du peuple ou la voix de Dieu.

« Vous voyez que la loi sur la félonie peut devenir une grande et puissante mesure de la plus haute portée et d'une nécessité indispensable.

« En un mot, elle ressemblerait au sacrement de pénitence qui absoudrait les péchés de la noblesse, en assurant son salut, le nôtre et la religion de l'honneur. »

VIOLET D'ÉPAGNY.

9 782013 281676